Vocali Italiane
Italian Vowels

A Picture Book about the Vowels of the Italian Alphabet

Italian Edition with English Translation

Written by Maria Teresa Bonfatti
Illustrated by Ellen Locatelli

Long Bridge Publishing

Vocali Italiane, Italian Vowels: A Picture Book about the Vowels of the Italian Alphabet - Italian Edition with English Translation

Text by Maria Teresa Bonfatti
Illustrations by Ellen Locatelli
Copyright © 2014 Long Bridge Publishing. All rights reserved.

Find more books for bilingual children and Italian language learners at:
www.LongBridgePublishing.com

**Please note that the Italian and the English version of the book have been written to be as close as possible.
In some cases though, they differ in order to accommodate nuances and fluidity of each language.**

Publisher's Cataloging in Publication Data

Bonfatti, Maria Teresa
  Vocali Italiane, Italian Vowels: A Picture Book about the Vowels of the Italian Alphabet
Italian Edition with English Translation / Maria Teresa Bonfatti; illustrated by Ellen Locatelli
  p.   cm.
  SUMMARY: Illustrated book about the Italian vowels with rhymes and quizzes to help children learn these important components of the Italian language.
  ISBN-13: 978-1-938712-16-6
  ISBN-10: 1-938712-16-1
  1. Italian language materials -- Bilingual.   2. Alphabet rhymes. -- Juvenile literature.   3. Children's poetry.
        I. Title

Long Bridge Publishing
USA
www.LongBridgePublishing.com

ISBN-13: 978-1-938712-16-6
ISBN-10: 1-938712-16-1

Indice – *Contents*

❖ Introduzione – *Introduction*

❖ Vocale A - *Vowel A*

❖ Vocale E - *Vowel E*

❖ Vocale I - *Vowel I*

❖ Vocale O - *Vowel O*

❖ Vocale U - *Vowel U*

❖ Note

❖ Traduzione Inglese - *English Translation*

Introduzione

L'obiettivo di questo libro è sia didattico che linguistico. L'assunto principale su cui si basa è di tipo linguistico-nativista, secondo cui ogni lingua del mondo contiene le vocali, in quantità e combinazioni differenti. Le vocali sono così introdotte come elemento universale.

Ogni bambino infatti, qualunque sia la sua lingua natia, troverà le vocali nel suo stesso nome. Ciò che il bambino scoprirà qui, è che le vocali costituiscono una parte molto importante nell'apprendimento e nell'approfondimento della lingua.

Nella lingua italiana ci sono sette vocali fonologiche. Queste sono considerate pure. Nella grafia italiana le vocali sono cinque, sono rappresentate da un unico simbolo e possono essere accentate. L'accento indica la sillaba su cui cade la voce nella pronuncia delle parole che lo contengono. Per semplicità in questo libro abbiamo considerato solo cinque vocali e la possibile presenza dell'accento in parole specifiche.

Questo libro si propone non solo come uno strumento didattico ma anche come un momento di socializzazione tra i genitori e i bambini e tra l'insegnante e gli alunni. Consente di individuare il nuovo vocabolario attraverso le immagini e le filastrocche, permettendo di imparare parole nuove. Favorisce l'inconsapevole scoperta linguistica delle vocali da parte del bambino che può iniziare a considerarle come elemento portante nella costruzione delle parole. Spinge a scoprire l'intonazione della lingua italiana attraverso la rima.

Ogni libro ha un modo diverso di essere letto, guardato, ascoltato. Il libro rappresenta il punto su cui si focalizza l'attenzione congiunta di adulto e bambino. Diviene lo strumento attraverso cui veicolare la lingua e le informazioni, diventando lo stimolo primo dell'acquisizione linguistica, della socializzazione e della creatività. Un libro bilingue permette tutto ciò in due lingue.

Buon divertimento!

MT Bonfatti

Introduction

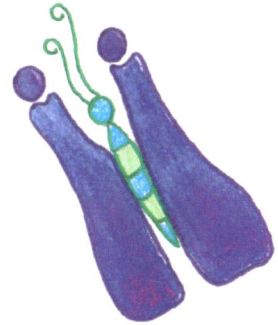

The main goal of this book is both linguistic and pedagogical. The underlined assumption is based on the linguistic nativist approach. According to this approach, in the specific case of speech sound, every language of the world has vowels in different quantity and with different uses. Vowels can be introduced as universal element that any language displays. In fact, every child of any native tongue will always find vowels even in his first name. What children will discover here, is that vowels become an important building block in the acquisition and development of language.

In the Italian language there are seven phonological vowels, and they are considered pure. In the Italian spelling the vowels are five and their sound is represented by five (single) symbols. Sometimes vowels are accented and this indicates where the stress falls. For simplicity in this book we have considered only five vowels and the possible presence of the accent on specific words.

This work aims to develop children's awareness of languages, and provides a great tool for socialization between parents and children or teacher and students. It allows children to identify the new vocabulary through images and rhymes, allowing acquisition of new words. It lets children follow the rhythmic sound of the new language and to unconsciously discover components of the language itself, like vowels and consonants.

Every book has its own way to be read, looked at and heard. A book becomes the focus of shared attention between children and adults. It's the main tool through which we can develop language and communication, socialization and creativity. A bilingual book provides all that for two languages.

Enjoy!
MT Bonfatti

Nella casa di A...

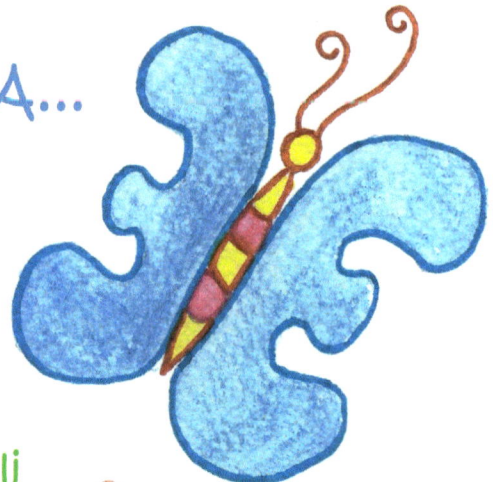

Gira girando

Nella casa di A

Si ritrovan le vocali

Ridendo, giocando

Saltando, correndo

Muovendo le ali

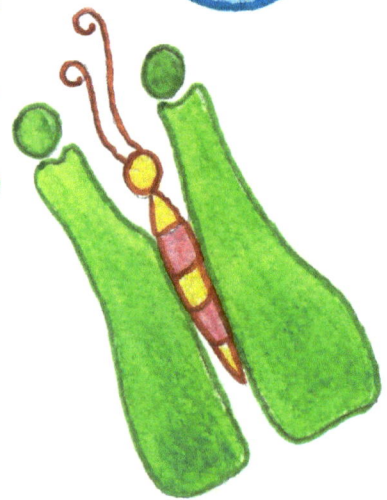

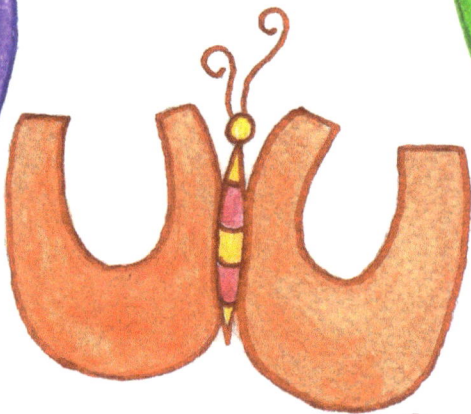

Guarda guarda
Con attenzione la piccola A
Che forma cantando
Tutte quelle parole
Che vai incontrando

Indovina indovinello

Nero e giallo è il colore

Bsssss è il rumore

Sbatte le ali, si posa sui fiori perché ama volare fuori!

Ma non farla arrabbiare o ti può far male!

E se ancora il suo nome non sai...

Prova a pensare...

Che cos'è?

Ape

Indovina indovinello

Alto verde e un po' marrone,
Con le stagioni cambia colore,
Da solo o in compagnia
Porta sempre l'allegria.
Per Natale o tutto l'anno
E' sempre bello averlo accanto.
Che cos'è?

Albero

ORA DISEGNA TU IL TUO ALBERO E LA TUA APE

E

Ed... ecco
Si vede
L'amica E
A comporre la musica
E
Aggiungere note
A formare quell'eco
Che nell'aria
Si ode

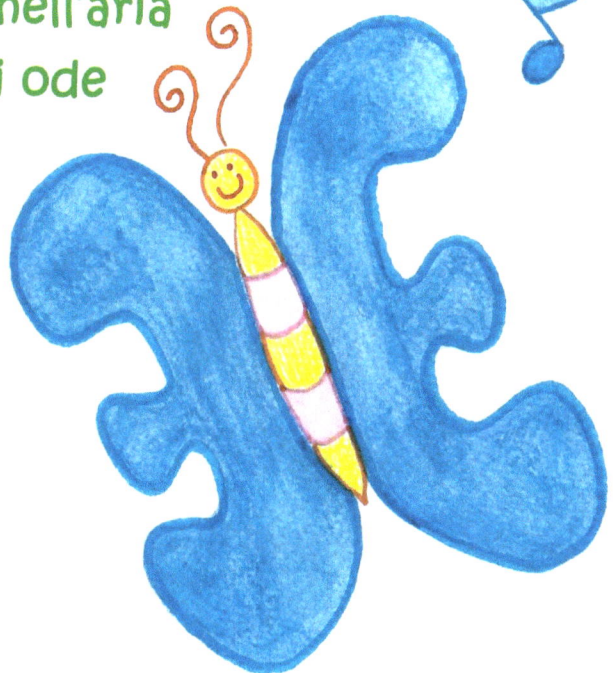

Indovina indovinello

Eco che soffia

Che corre

Che va

Eco che aggiunge un'altra metà

Eco che ride, che vola, e si perde

Fra il sole e i colori

Dell'aria e dei fiori

Che cos'è?

Indovina indovinello

E' fatta di foglie di vari colori
Con i suoi rami cresce al di fuori
Da sola non può stare
Ma se la appoggi si può arrampicare
Si volge, si torce e contorce
Fino a coprire anche le porte
Se ancora capito non hai
Ecco allora il suo nome vedrai

Che cos'è?

Edera

ORA DISEGNA LA TUA EDERA E IL TUO ECO

I

Se pensi di avere

Un qualche pensiero

O un'idea nella mente

Prova a cercare

Il nuovo amico

Che appare

Indovina indovinello

Che cos'è "I", dirti non so
Ma come è fatta te lo dirò
Non è una carpa
Non è una scarpa
Non so dirti se vale o non vale
Ma ha la forma di uno stivale

Che cos'è?

Italia

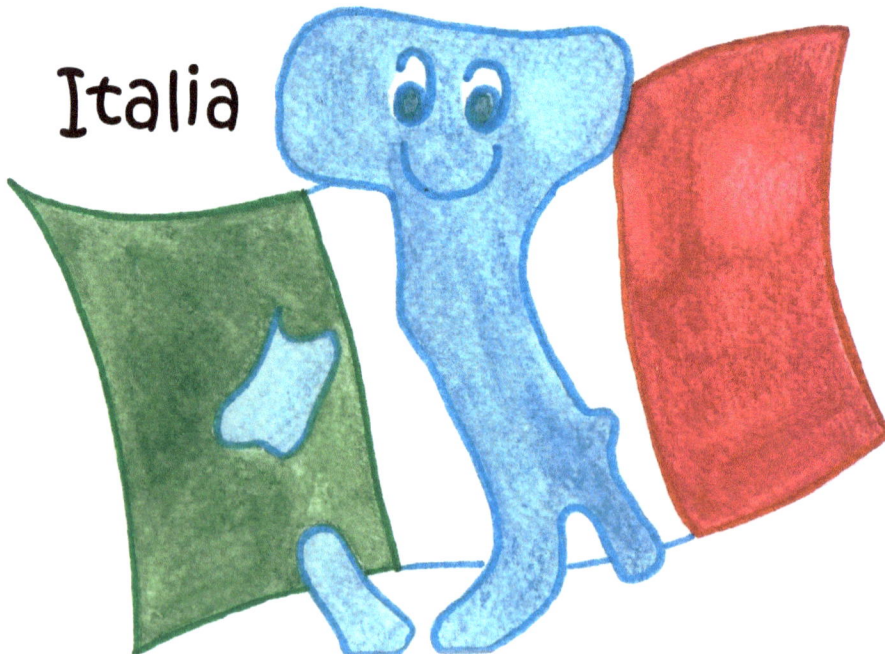

Indovina indovinello

È quella cosa che viene e che va,

Ma non sai bene se funzionerà.

È quella cosa che appare e scompare

Ma non la puoi nemmeno toccare.

Quello che conta è che salti in testa.

Ecco, ho trovato!!!

Che cos'è?

Idea

ORA DISEGNA LA TUA IDEA E L'ITALIA

Ora è arrivato
A tener compagnia
Un cerchio rotondo
Che prende
Le mani
Per un bel girotondo

Indovina indovinello

TIC TOC TAC

Questo è il rumore del tempo che fa

TIC TOC TAC

Che batte, che tocca, che scocca

Tintinna, risuona, e rintocca

TIC TOC TAC

Questo è il rumore del tempo che va

Che cos'è?

TIC TOC TAC

Orologio

Indovina indovinello

Ecco che nasce, che cresce, che sale
Ecco che viene proprio dal mare
Schizza, spruzza e si abbassa
Cala, cade, e di nuovo impazza

Che cos'è?

Onda

ORA DISEGNA LA TUA ONDA E IL TUO OROLOGIO

U

Giro giro tondo...
...ma ne manca Uno
Che tende le mani
A tutti
o
Nessuno,
Che alza le braccia e
Grida col cuor
Urrrrraaaaa come "U"

Indovina indovinello

Chicchi rotondi, lisci e giocondi
Viola, verdini e un po` giallini
Vivono insieme in allegria
Nei vari filari lungo la via
Mangiane uno e vedrai che ho ragione
L'autunno è la loro stagione
Tutti insieme formano un frutto
Che quando lo provi lo vuoi mangiar tutto

Che cos'è?

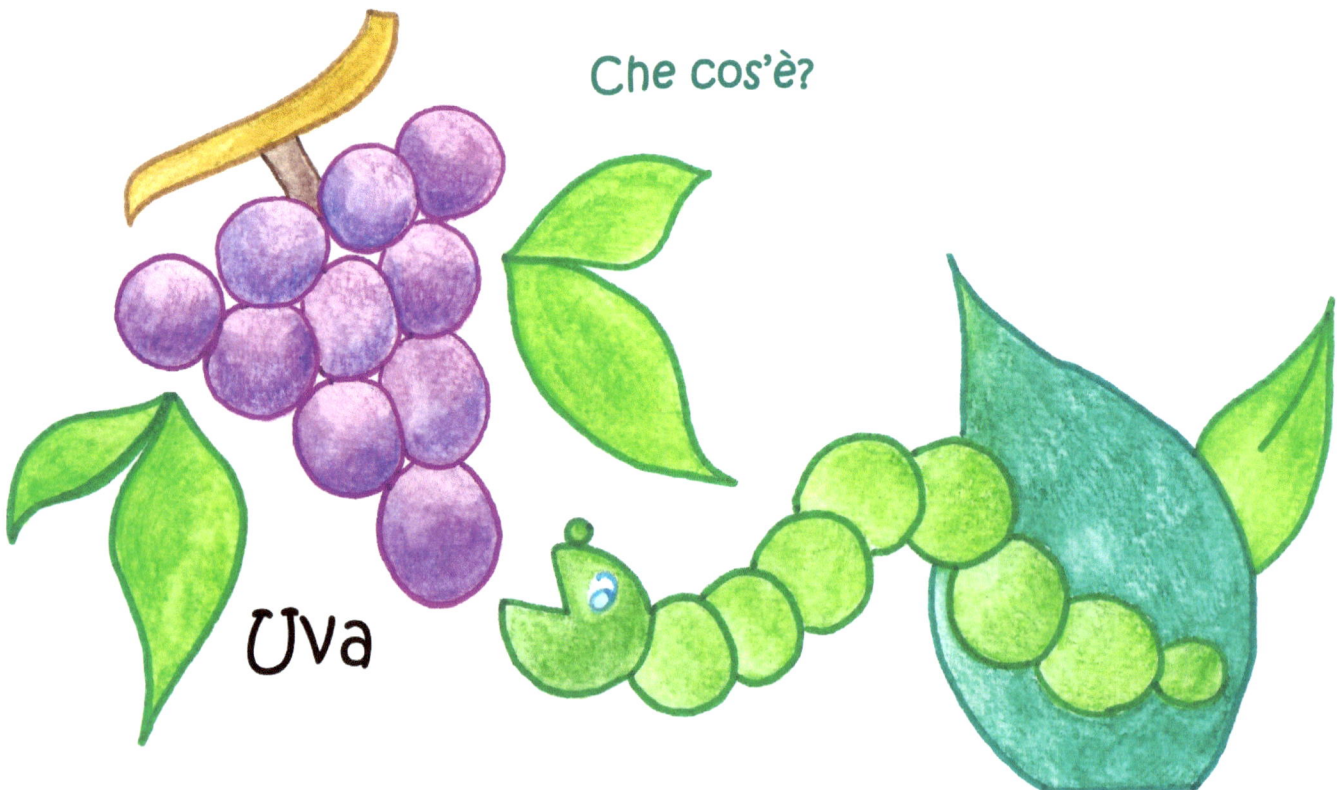

Uva

Indovina indovinello

Alcuni lo vedono arrivare
Altri pensano che scompare
Ha delle antenne a forma di "enne"
Vola nel cielo su un disco ovale
E viaggia intorno al sistema solare
Potrebbe essere verde o blu
O del colore che scegli tu

Che cos'è?

Ufo

ORA DISEGNA IL TUO UFO E LA TUA UVA

AEIOU

Si chiaman vocali

Sono cinque ed hanno le ali

E se guardi con attenzione

Le puoi trovare

Anche nel tuo nome

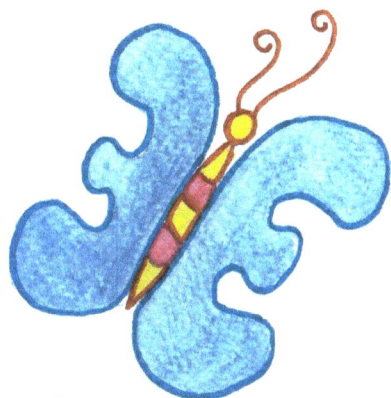

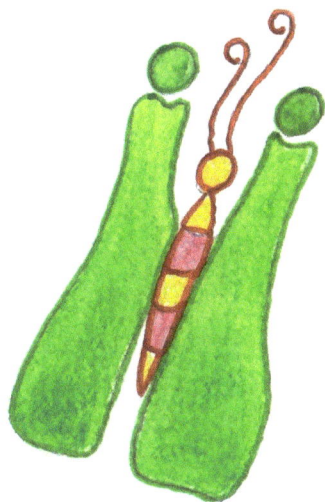

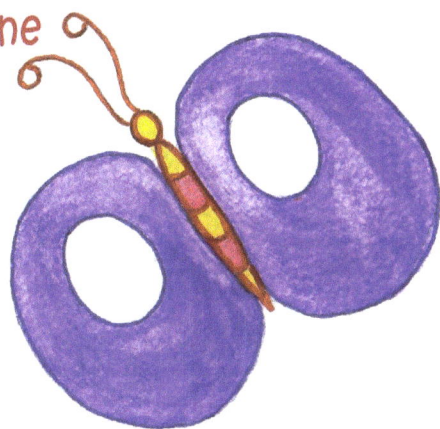

NOTA

Alcune di loro poi hanno un cappello

Escono fuori

Anche senza l'ombrello

Quindi diverso è il nome che appare

A seconda del suono

Che in esse compare

Puoi avere

Una e oppure una è

Una o oppure una ò

Una a oppure una à

Portano in giro quel piccolo segno

Che serve loro di contrassegno

Città

Perché

Però

Giù

Translation

In A's house

Wandering around "A's" house, all vowels gather around; laughing and playing, jumping, running and moving their wings.

Look around and try to spot the little "A", singing and creating all the words that you are about to discover.

Solve the Riddles

Black and yellow are its colors, "Buzzz" is the sound it makes. It moves its wings and lands on flowers because it loves to fly outside. But don't upset it or it will sting you and if you haven't figured it out, think some more, its name is…?

BEE

Tall, green, and a little brown. It changes colors with the seasons, alone or with friends it always brings joy. At Christmas or year round, it's always nice to have it around. What is it?

TREE

[Now it is your turn to draw a tree and a bee]

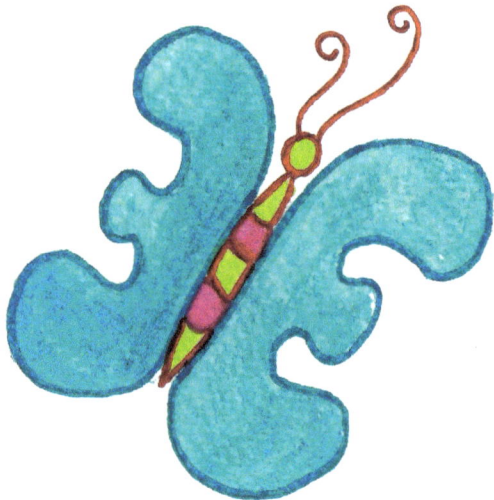

Vowel E

And... here I can see our friend "E" composing music, adding notes, and forming the "Echo" that is heard in the air.

Solve the Riddles

Echo that blows, runs away and goes. Echo that adds another half. Echo that laughs, that flies, that gets lost between the sun and the colors of the air and of the flowers. What is it?

ECHO

It's made with leaves of different colors, it grows outside spreading its branches. It cannot stand on its own, but if you let it lean on something, it can climb. It can turn up, twist and wiggle until it covers up even the doors. If you still haven't guessed what it is... here its name you will see. What is it?

IVY

[Now it is your turn to draw]

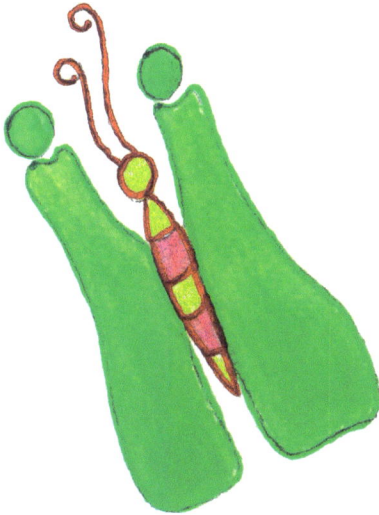

Vowel I

If you think you are having a thought or an idea in your mind, try to look for the new friend coming up.

Solve the Riddles

What is "I"? I cannot really say, but I will tell you what it looks like. It's not a carp (fish), it's not a shoe, and I can't tell you if it's worth anything or not, but I can tell for sure that it looks like a boot. What is it?

ITALY

It is that thing that shows up at times, and you are not sure if it will work out. It is that thing that appears and disappears but you cannot feel. What is important is that it comes to your mind...what is it? Here, I found it, it's an...

IDEA

[Now it is your turn to draw]

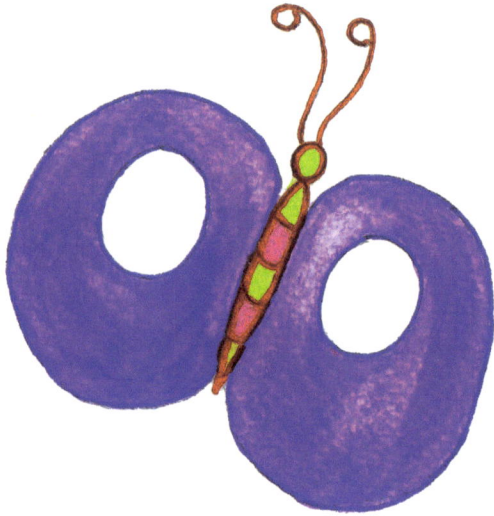

The vowel O

And here it has arrived to keep us company, a round circle that holds our hands in a nice…"girotondo"

Solve the Riddles

TIC TOC TIC, this is the noise that time makes.

TIC TOC TIC, beating, touching, chiming, clinking, echoing, and ringing.

TIC TOC TIC, this is the noise of the time that goes by. What is it?

CLOCK

It's born, it grows, and rises up from the ocean. It splashes, sprinkles, folds down, then rushes again. What is it?

WAVE

[Now it is your turn to draw]

The vowel U

"Girotondo" around the world…but someone is missing. It is now reaching its hands to all or no one, raising its arms while calling from the bottom of its heart: "Urraaah" (Hurrah)… just like a "U"

Solve the Riddles

Round, smooth and jolly grapes. Purple, green, and a little yellow. They live together in happiness, in long rows along the path. Try one and you'll see that I am right. Autumn is their season. They are a fruit that once you try it, you just want to have it all. What is it?

GRAPES

Some see it arriving, others think it's disappearing. It has antennas with the shape of an "N", it flies in the sky like an oval disk and travels around the solar system. It could be green, blue or of the color chosen by you. What is it?

UFO

[Now it is your turn to draw]

A, E, I, O, U

Their name is vowels, they are five and have wings. If you look with focus and attention, you will find one even in your name.

Note

Some of them wear a hat, they go out even without an umbrella. Therefore they can be found in different names according to the sound they develop.

You can have: "e" or è, "o" or ò, "a" or à.

They wear that little marker that serves them as distinguishing sign. Example: Città-Perché-Però

Words

- Ape — bee
- Albero — tree
- Eco — echo
- Edera — ivy
- Italia — Italy
- Idea — idea
- Orologio — watch
- Onda — waive
- Uva — grapes
- Ufo — U.F.O
- Girotondo — Italian game for children, where they hold hands and run in circle.

Have fun and learn with Italian themed stories,
nursery rhymes, books about Italian traditions
and more, all with Italian and English text!

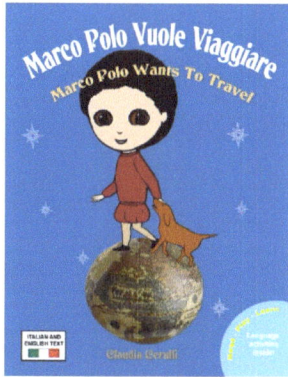

Marco Polo
the globetrotter

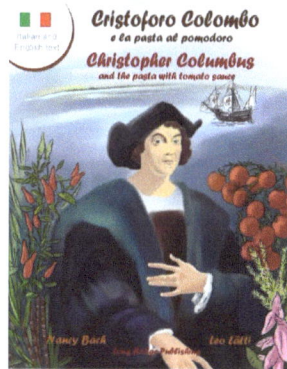

Columbus
the explorer

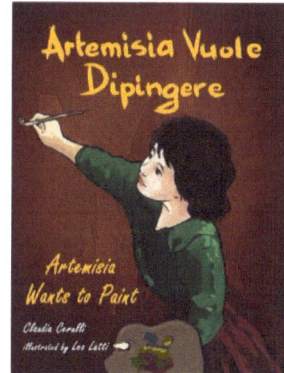

Gentileschi
the painter

Montessori
the educator

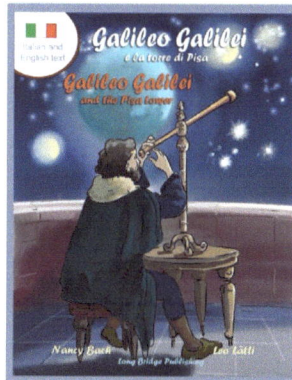

Galilei
the scientist

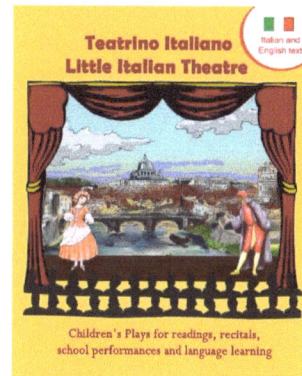

Scripts in Italian
for children's plays

Advent calendar
and coloring book

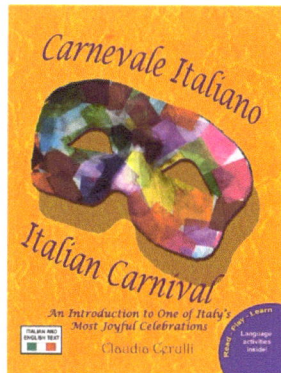

Italian carnival

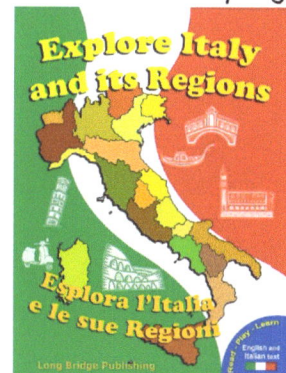

Italy and
its regions

Browse our catalog at **www.LongBridgePublishing.com**

www.ingramcontent.com/pod-product-compliance
Lightning Source LLC
Chambersburg PA
CBHW042126040426

42450CB00002B/83